Friedrich Karl Meyer

Die noch lebenden keltischen Völkerschaften, Sprachen und

Literaturen

Friedrich Karl Meyer

Die noch lebenden keltischen Völkerschaften, Sprachen und Literaturen

ISBN/EAN: 9783743484290

Hergestellt in Europa, USA, Kanada, Australien, Japan

Cover: Foto ©ninafisch / pixelio.de

Manufactured and distributed by brebook publishing software
(www.brebook.com)

Friedrich Karl Meyer

Die noch lebenden keltischen Völkerschaften, Sprachen und Literaturen

DIE NOCH LEBENDEN

KELTISCHEN VÖLKERSCHAFTEN,

SPRACHEN UND LITTERATUREN

IN IHRER GESCHICHTE UND BEDEUTUNG.

———

Vortrag,

gehalten im wissenschaftlichen Verein am 31. Januar 1863

von

FRIEDRICH KARL MEYER.

———

BERLIN.

VERLAG VON WILHELM HERTZ.

(BESSERSCHE BUCHHANDLUNG.)

1863.

LONDON: WILLIAMS UND NORGATE.

Unter allen Völkernamen der Welt keinen weitverbreiteren, mächtigeren und zugleich dunkleren kennt die Geschichte als den der Kelten. — Homophon mit dem der Galater, Gallier und Gadhelen;[1] gleichbedeutend mit dem der Kimmerier, Kimbern, Cambrier, Gambern, Ambronen und Umbern; vielfach zusammenhängend und verschlungen mit dem der Phönicier, Pelasger, Thraken, Skythen, Gothen und Germanen: bezeichnet uns dieser Name bei den alten Historikern einen grofsen kriegerisch-nomadenhaften Völkerstamm kaukasischer Rasse, der, seit den ersten Anfängen der Menschheit, von Jahrhundert zu Jahrhundert, von Jahrtausend zu Jahrtausend sich immer frisch ergiefsend, vom fernsten Nordosten bis zum fernsten Südwesten, von Sibirien bis Afrika, ja vielleicht Amerika, und wieder zurück bis Kleinasien, die Erde nach allen Richtungen immer von neuem überzogen und erobert hat, und überall, auch da wo ihn die Gegenwart nicht mehr kennt, die Spuren seines riesenhaften Daseins abgedrückt hat in das der späteren Völker, vor allem in das unseres eigenen Landes und Volkes.

Die mit den alten Skythen nahe verwandten und durch fortwährende Kriege verschlungenen Kimmerier erscheinen in der ältesten griechischen Sage und Geschichte bald

1*

(bei Homer und Ephoros) als ein von Duft und Dunkel um-
schlungnes Volk und Land an den Thoren der Welt im
äufsersten Westen; bald, gleichzeitig, als ein kühnes Erobe-
rervolk im Osten des schwarzen Meeres; von wo ihrer ein
Theil sich später, in Folge jüngerer Skytheneinbrüche, in die
pontische Halbinsel zurückzog die noch heute den kimmerischen Namen trägt, nämlich die Chersonnesos Taurica oder
Cimmerica — die Krimm. Jene Taurier, bei denen, von
der Göttin in einer Wolke entführt, Iphigenia eine Zuflucht
fand, oder, von denen wohl vielmehr, nach dem eigentlichen
Sinne der Sage, die Hellenen ihren Cultus und Typus, sowie
Namen der Artemis entlehnten, jene uns wohlbekannten Taurier waren ein kimmerisches Volk: und die hehre, keusche,
schlanke, göttliche Amazone, Artemis Artimpasa, selbst ist
eine kimmerische Göttin. — Ja, wenn — wie jetzt gewifs mit
Recht allgemein angenommen wird, — der Name der Kimmerier homophon ist mit dem des Gomer, Japhets Sohn,
so tritt uns derselbe an den Thoren nicht nur der helle-
nischen, sondern auch der mosaischen Alterthumskunde
entgegen, und zwar hier als erster Sohn, d. h. erstes, edel-
stes Glied, jenes edelsten der drei grofsen Völkerstämme, in
die nach der Fluth die neugeborne Menschheit auseinander-
gieng. — Und vollkommen im Sinne dieser Bezeichnung, edel,
blond, blauäugig, riesengrofs, titanenhaft, werden uns die
Söhne und Enkel Gomers von den älteren Dichtern und Historikern überall beschrieben, und heben sich in dieser Farbe
und Gestalt nur desto glänzender von dem kimmerischen
Dunkel ab das sie umschlungen hält.[2]

Dafs die Kimbern die Marius schlug — und die nur er
schlagen konnte — denselben Namen trugen als die Kimmerier,
war schon im Alterthum, bei Strabo, Diodor und Plutarch,
die herrschende Ansicht. Nur dürfen wir diese Namensüber-

einstimmung gewifs nicht so erklären, als seien diese teutonischen Cimbern (doch wohl unsere Urahnen) nun eine unmittelbare Nachkommenschaft jenes besonderen alten gomerischen Zweigs am Pontus gewesen; sondern vielmehr so,
dafs sie, als ein anderer jüngerer schon mehr germanischer
Zweig, den alten berühmten Gesammtnamen sich nun auch
ihrerseits wieder angeeignet hatten. Und ebenso haben wir
dann auch die Fortdauer des Namens bei einem noch heute
vorhandenen kleinen Ueberbleibsel Gomers zu betrachten, nämlich bei der Bevölkerung von Wales, die sich auch wieder
Cymro nennet.

Während aber so im Osten und Norden das Volk Gomers
diesen seinen alten Namen festhält, erscheint dasselbe — und
zwar anerkannt dasselbe Volk — im äufsersten Südwesten
Europa's schon sehr früh (bei Herodot und Hecatäus) unter
dem der Kelten, oder später dem der Galater und Gallier. Als Urheber dieser westlichen Gomeriden nennt, wie
gesagt, die Geschichte ausdrücklich den Gomer;[3] die Sage
aber (bei Diodor und Dionys) nennt als solchen einen Riesen
Keltos oder Galates, Sohn des Herakles und der Riesin As-
terope, Tochter des Atlas. Ja, nach einer bei Appian erzähl-
ten (übrigens ohne Frage aus einem Wortspiel entstandenen)
Sage wären die Eltern dieses Keltos niemand anders gewesen
als der aus der Odyssee bekannte Küklope Polyphem und
die schöne, von ihm so heifs und also doch nicht umsonst
geliebte, Nymphe Galatea.

Und während nun, wie angedeutet, jene östlichen cymrischen Wanderstämme sich, einer hinter dem andern, gegen
Westen (zumeist Südwesten) fortbewegen, und hier eben zuletzt als Kimbern und Teutonen, als Belgier und Germanen
an die Grenzen unserer eigenen Geschichte treten; begegnen
uns diese westlichen Enkel des Atlas sogleich in einer um-

gekehrten östlichen Richtung, einer Richtung, die dieselben
zuletzt über Delphi und den Hellespont bis nach Kleinasien,
und so — vielleicht nach einem Jahrtausend — bis beinahe
wieder auf die Stelle zurückführt von der die grofse doppelte
Wanderung gemeinsam ausgegangen. Mit den Zügen der Galater im vierten und dritten Jahrhundert v. Chr. — denselben
Galatern an die später der Apostel Paulus schrieb, während
sie Kallimachus noch als tempelstürmende nachgeborne Tita-
nen besingt, — mit diesen Galaterzügen schliefst sich gleichsam der Ring der südlichen keltischen Wanderung, und zwar
so, dafs wir in ihnen nicht sowohl eine gerade Umkehr,
als vielmehr eine Rückkehr auf anderem Wege, auf der
nördlichen Linie der grofsen beschriebenen Parabel, zu er-
blicken haben.

Um uns nämlich den — sonst in der That schwer er-
klärlichen — Gang und Ausgangspunkt dieser südlichen keltischen Wanderung historisch deutlich zu machen, scheint es,
mit Bezug auf eine Reihe anderweitiger historischer und ethno-
logischer Thatsachen, das Richtigste anzunehmen, dafs die
Kelto-cymren von Asien aus nach den Säulen des Hercules
nicht über Europa, sondern — auf langer schicksalsreicher
Fahrt — über Afrika gelangt sind. Die Erinnerung und
Wirkung eines solchen südlichen Weges lebt noch fort, theils
in vielen einzelnen Sagen, theils in mehreren vorstehenden
geistigen Zügen, der heutigen keltischen Litteraturen und
Völkerschaften: und der klimatische Gegensatz den dieser
südliche Weg zu dem nördlichen bildet, gewährt uns zugleich
die geforderte Erklärung für einen eigenthümlichen durchge-
henden Dualismus in Natur, Sitte, Sprache und Erscheinung des gesammten Keltenthums. Gegenüber der strengeren
Gediegenheit und Gesetzlichkeit der den Norden durchziehen-
den blonden Stämme, — namentlich der Alaunen, Belgen,

Fenen und Germanen oder Deutsch-Kelten, — verrathen die
Südkelten, namentlich die Gallier und Britten, eine mehr un-
state Beweglichkeit und Leidenschaftlichkeit, eine weniger ge-
regelte stürmische Glut des Sinnes und Wortes; und scheinen ihre lange Berührung mit der afrikanischen Sonne, der
Sonne des Hav, zugleich in dem dunkleren Haar und Auge,
der gebräunten Gesichtsfarbe und den buschigen Brauen zu
verrathen. Indessen müssen wir bei einem solchen Vergleich
jedenfalls immer noch zwei andere Erwägungen in die Schaale
fallen lassen, nämlich 1. den, wenigstens ein Jahrtausend um-
fassenden, chronologischen Abstand sämmtlicher Wanderungen:
und 2. den Einflufs der Berührung und Mischung mit früheren oder benachbarten Nebenvölkern, von denen wir insbesondere zwei nennen: die Veneter und Iberen, jene als
Vorgänger der Kelten auf dem europäischen, diese auf dem
afrikanischen Wege.'

Zuerst in die Länder des mittleren Europa, — in das
heutige Frankreich, Italien, England und Deutschland — gelangte von den beiden keltischen Wanderungen jedenfalls die
östliche, wohl schon um 1500 v. Chr. — Ein besonderes
mächtiges Zusammentreffen beider Wanderungen aber scheint,
etwa ein Jahrtausend später, in Gallien stattgefunden und hier
den Anlafs gegeben zu haben zu dem Einfall der Gallier in
Italien und die Donauländer, dem berühmten mythischen
Doppelzug des Bellovesus und Sigovesus.

In diese Zeit fällt dann auch wohl der Höhenpunkt der
keltischen Macht, die Sonnenwende ihres wilden Ruhms und
Uebermuths, der bald darauf zu wanken begann und zu Falle
kam, theils vor eigener innerer Gesetzlosigkeit, theils vor der
geregelten Kraft des römischen Weltreichs, theils endlich vor
der höheren Zucht und Sitte der nachrückenden, und theilweise aus den Ostkelten hervorgehenden, Gothen, Germanen

und Deutschen. Die wichtigsten der keltischen Völker die
damals, mehr oder minder gemischt, und in mehr oder minde-
rem geographischen Zusammenhang Europa bewohnten, waren:
in Osten und Nordosten: die Alanen, Roxolanen, Aorsen,
Ersen, Oxionen, Osen und Aesthen; im Südosten, am adria-
tischen Meere und in den Donauländern, die Japeden, Taurier,
Peuciner, Boyer; am Rhein: die Helvetier, Belger und die
Trevirer oder Treren (ein heute in der Stadt Trier erhaltener
Name, den schon die Kimmerier führten, und der ursprünglich wohl »Zeltbewohner« — von trev — bedeutet); in Grofsbrittannien: die Alaunen, Picten oder Cruidne (die Grönland und dem mare Cronicum ihren Namen gegeben): und,
ferner, schon über Afrika gekommen, die Ligurer (Lloegr),
Aeduer und Britten: desgleichen daher gekommen, zwischen
Rhein, Tiber und den Säulen des Hercules: die Gallier, Kelten, Keltiberen und Liguren, nebst den älteren ostcymrischen
Umbern, die, nach Italien übergesiedelt, jetzt bereits einen
wesentlichen Theil des lateinischen Volkes bilden. Und so
in der ganzen Strecke vom Kaukasus bis Grönland, vom Atlas
bis Ural, überall damals keltische Bevölkerung; und überall,
hin und zurück, hätte — wie ein witziger Kymrologe einmal bemerkte — der Wanderer damals auf keltisch seinen
Weg erkunden, und auf keltisch um seine Nahrung — bara
a chaws — bitten können.

Denn wie wenig verändert, trotz Raum und Zeit, die
verschiedenen Stämme und Zweige des keltischen Volkes ihre
Gesammtsprache und zugleich ihren alten gomerischen Gesammtnamen noch Jahrhunderte später bewahrt hatten, das
erhellt, scheint es, aus einem in Plutarchs Marius (c. 19) er-
zählten merkwürdigen Vorfall des Kimbernkrieges. Als vor
der Schlacht von Verona die westkeltischen Ligurer, im Vordertreffen des Marius, heranrückten, begegneten sie im feind-

lichen Vordertreffen den ostkeltischen kimbrischen Ambronen,
und erkannten, — wohl nach tausendjähriger Trennung, — in
deren lautem kriegerischen Zuruf und Anruf » auf, Ambronen,
auf gegen den fremden Feind!« — ihre eigene Sprache und
ihren ursprünglichen Namen wieder. Die Feindseligkeit freilich durfte durch diesen Vorfall nicht gehemmt werden, und
ähnlich wie Hildebrand und Hadubrat, Rustam und Sohrab,
Clessamor und Carthon (Cuchulain und Conmaol), erkannten
die beiden Völker einander nur erst im Beginn eines blut-
mörderischen Zweikampfs.

Und was nun ist uns heute noch von aller jener Kraft
und Weltherrschaft Gomers übrig geblieben? Welche Trüm-
mer besitzen wir noch von der ungeheueren Brücke so die
keltische Völkerwanderung schon damals über die Erde geschlagen hatte?

Am reichsten erhalten, ohne Frage, hat sich die grofse
keltische Vergangenheit mittelbar in Blut und Geist, Sitte
und Sprache der aus ihr hervorgegangenen jüngeren Völker,
namentlich auch unseres deutschen Volkes. Wie in der pa-
läontologischen Welt ein neues Pflanzen- oder Thiergeschlecht
immer nur über und in dem Schutt und Tod eines früheren
zum Dasein gelangt, so wurzeln und leben wir heutigen
Völker Europa's beinahe sämmtlich in dem plutonischen Schutt
eines uns vorausgegangenen Keltenthums, und tragen dessen un-
sichtbares Erbe als unverlierbares Eigenthum in unsern Adern.
Aber eben um uns selbst dieser Beimischung deutlich bewufst
zu werden, um alle Mahnungen und Warnungen dieser Erb-
schaft deutlich würdigen und erfüllen zu können, erscheint
es nun als doppelt wichtig, dafs wir auch die etwaigen unmittelbaren, ungemischten Ueberbleibsel und Ausläufer
jenes unseres Vorgeschlechts in Betrachtung ziehen. Wie der
Hellene nach Samothrake, der Römer nach Eugubium reiste,

um dort, bei Pelasgern und Umbern, die verborgene ältere
Hälfte seines nationalen Ursprungs zu studiren, so schauen
wir uns um nach einer selbständig erhaltenen Nachkommenschaft Gomers, nach einem unmittelbar fortgeerbten leben-
digen Zeugnifs altkeltischer Rasse, Sprache und Bildung.
Wo finden wir ein solches Zeugnifs?

Drei verborgene Gebirgsküstenländer im Westen der brittischen Inseln, ein gleiches im Nordwesten Frankreichs, und aufserdem noch eine kleine Insel und ein paar Bergwerkschachten, —
das sind die Schlupfwinkel in die sich heute die Ueberbleibsel
des Keltenthums zurückgezogen, — gleichsam die Höhlen in denen sich ein paar zerbrochen kleine Glieder jenes urgeschicht-
lichen Riesenkörpers noch lebendig erhalten haben. Und vielleicht wächst eben noch durch diese Zerbrochenheit der Werth
der erhaltenen Bruchstücke, so wie ihr Reiz für den Beo-
bachter durch das tiefe kimmerische Dunkel das dieselben
dort von neuem umschlungen hält.

Die erwähnten sechs Rückzugsorte der keltischen Sprache
und Bevölkerung sind, genauer bezeichnet, von Norden gegen
Süden,

1. die schottischen Hochlande,
2. die Insel Man,
3. der Südwesten Irlands,
4. das Fürstenthum Wales,
5. die Grafschaft Cornwall (wo jedoch seit einem Jahrhundert die alte Mundart nur noch fragmentarisch unter
   einem Theil der Bergleute fortlebt); endlich
6. die Bretagne oder Klein-Brittannien.

Diese sechs Abtheilungen aber scheiden und ordnen sich so-
fort, ethnologisch wie linguistisch, je drei und drei, in zwei
Hauptgruppen: nämlich — wie wir sie, mit Anwendung der
am meisten gebräuchlichen Namen unterscheiden wollen —

1. die gälische oder schottisch-keltische Gruppe — umfassend also das Hochschottische, Manx und Irische, von denen aber die beiden ersten Mundarton nur Varietäten der letzten, des Irischen; und

2. die gallische oder brittisch-keltische — umfassend, als hauptsächlichste Mundart, das Welsche (oder Cymrische), und aufserdem das Cornische und das sogenannte Bas Breton.

Die beiden Hauptvertreter beider Gruppen also, in Sprache und Litteratur, sind von der nördlichen oder gälischen das Irische, von der südlichen oder gallischen das Welsche (oder Cymrische). Und was wir hinsichtlich dieses Hauptunterschiedes hier sogleich weiter bemerken können, ist, dafs nach unserer Ansicht die drei, hauptsächlich durch das Irische vertretenen, nördlichen oder gälischen Mundarten und Völkerschaften im Allgemeinen der nördlichen Wanderung; die durch das Welsche vertretenen gallischen der südlichen Wanderung angehören. Jenes, das Gälische oder Irisch-Schottisch-Keltische, gelangte also wohl hauptsächlich mit den Alaunen, Picten, Belgiern und Skoten, — den ältesten wie den jüngsten keltischen Einwandrern —; dieses, das Gallische oder Welsch-Brittisch-Keltische, mit den Ligurern, Aeduern und Britten nach Brittannien; sowie von hier aus im fünften und sechsten Jahrhundert, zufolge der Ansiedelung unter Maxentius, das Bas breton wieder zurück nach Gallien.

Hieraus ergiebt sich denn auch, warum bei der — bereits vielfach unternommenen — Beweisführung für den wirklichen unmittelbaren nationalen Zusammenhang der alt- und neukeltischen Sprachen das Welsche besonders dient und gedient hat um die bei Cäsar, Strabo, Plinius zahlreich vorkommenden gallischen Namen und Worte zu erklären, sowie zugleich die keltischen Bestandtheile der romanischen Sprachen; das Irische dagegen, das mehr in die teutonischen Sprachen übergegangen, vorzugsweise angewendet worden ist und Anwendung findet, auf den Vergleich mit belgischen und belgisch-deutschen Sprachresten (z. B. den malpergischen Glossen); daneben aber auch verschiedenen altitalischen Mundarten (namentlich der umbrischen) zur Erklärung dient. Die geographisch-chronologisch ältere der beiden Hauptsprachen, in Albion wie in Europa, ist entschieden die gälische; ebenso entschieden aber erscheint mir andererseits die welsche als die grammatisch ältere oder alterthümlichere.

Dieser Satz indessen hängt unmittelbar zusammen mit dem allgemeinen grammatischen Wesen und Verhältnifs der keltischen Sprachen; und dieses bedürfte, um hier gründlich gewürdigt zu werden, freilich einer längeren Erörterung, ausgehend von der Natur und Geschichte der menschlichen Sprache überhaupt. Da aber für eine solche Erörterung hier kaum der geeignete Ort wäre, so will ich mich für meinen gegenwärtigen Zweck auf die folgenden kurzen Sätze beschränken.[6]

Die menschliche Sprache besitzt, wie das menschliche Geschlecht, eine, nicht minder historisch als anthropologisch zusammenhängende, gesetzmäfsige Einheit des Ursprungs und der Entwickelung, in welcher letzteren die einzelnen Völkersprachen und Sprachengruppen gleichsam die einzelnen verschiedenen Absätze und Verzweigungen darstellen. Die eigenthümliche Stellung und Bedeutung der keltischen Sprache aber auf dieser genetischen Leiter ist eine Zwischenstellung, und zwar zwischen den beiden wohl bedeutendsten Absätzen der ganzen Leiter, nämlich zwischen der mehr beweglichen, flüssigen, analytischen Bildungsstufe der sogenannten turanischen (finno-tartarischen) Sprachen einerseits, und aufsteigend, andererseits, der mehr ge-

schlossenen, festen, synthetischen Stufe der sogenannten
arischen (indo-germanischen) Sprachengruppe.

In ihrem Lautwesen bewähren die keltischen Sprachen
diese Zwischenstufe vor allem durch den, bis zu einem gewissen Grad, beliebigen und noch an keine bestimmte Luftstärke gebundenen Wechsel der dumpfen und tönenden, assibilirten und nicht assibilirten Form des Consonanten. In der
Wurzelbildung namentlich durch das, der Grammatik wie
der Poesie gestattete, beliebige Hinzutreten gewisser rein
phonischer Verstärkungslaute (namentlich des t und s). In
der Wortverbindung und Wortbildung aber bewährt sich
diese vor-sanskritische Zwischenstellung der keltischen Sprachen, zunächst, durch die beinahe sinesische, unmittelbare
Ausdrucksweise der Verhältnifs-Begriffe blos vermittelst der
Stellung der Worte im Satze (z. B. tad car vab Vater lieb
Sohn); sodann, durch den Fortbestand und Fortgebrauch vieler
Präpositionen und Conjunctionen zugleich als selbständiger
Nennwörter (z. B. cymr.: ar, blaen, cyd, cyn, erbyn, gor,
gwrth, ol, tra, tu und, vergleichsweise mit anderen Sprachen, ap, ab, das im Cymrischen noch »Sohn« bedeutet); und
endlich, drittens, durch den Fortbestand und Fortgebrauch
vieler in anderen sanskritischen Sprachen, sowie theilweise
im Keltischen selbst, bereits als Suffixe gebrauchter Begriffs-
zeichen auch noch als selbständiger, oder wenigstens halb-
selbständiger Präpositionen, Verba und Pronomina. Die Per-
sonalsuffixe der Conjugation, z. B., die die vergleichende sans-
kritische Grammatik nur auf dem Wege theoretischer Analyse
als ursprüngliche Pronomina erkannt hat, treten im Keltischen
wirklich noch als solche auf, und zwar abwechselnd mit
ihrem Suffixal-gebrauch, so dafs man nebeneinander sagt:
irisch: tá mé und ta-im (bin); cymr.: caru 'r wyv und
car-wyv (liebe), ev a gar und car-a-iff (er wird lieben),

und bas bret.: me a gar und gar-a-nn (st. garam) *liebe* —:
und ebenso erscheint — wie schon die Beispiele *ev* a gar und
me a gar zeigen, — das im Sanskritischen und Griechischen
bereits ganz bewufstlos gewordene, sogenannte Augment
im Gallisch-Keltischen noch als ein halb-selbständiges ver-
bales Hülfswörtchen.

Ich habe aber kaum nöthig darauf aufmerksam zu
machen, wie eben ein solcher gemischter Gebrauch, der
die ältere Bildungsstufe noch nicht vergessen, und deshalb
auch das Bewufstsein der jüngeren noch nicht verloren hat,
— wie ein solcher Gebrauch zur genetischen Aufklärung
nicht nur des Sanskrit, sondern der gesammten Sprachen-
grammatik dient, vom Aegyptischen und Sinesischen bis zu
den modernen Sprachen: und wie er uns namentlich auch
die scheinbare Aufgelöstheit der letzteren — d. h. den in
ihnen so entschieden vortretenden Wiedergebrauch selbständiger Hülfswörtchen — richtig würdigen lehrt. Denn an-
statt in dieser Aufgelöstheit, wie dieselbe, verglichen mit der
Synthetik des Sanskrit und deren älteren Töchtersprachen,
erscheinen könnte, einen Abfall und eine Entartung zu sehen,
erkennen wir darin nun vielmehr eine Rückkehr zu grammatischen Formen, ursprünglicher als Gothisch, Latein und
Sanskrit, und zwar eine Rückkehr, die der, zwar äufserlich
vollkommene, aber doch innerlich erstarrte etymologische
Bildungszustand dieser sogenannten Mustersprache zu einem
dringenden Bedürfnifs des menschlichen Geistes und Bewufst-
seins gemacht hatte.

Wie bei der eben geschilderten genetischen Zwischenstellung des Keltischen die beiden keltischen Hauptsprachen
sich verhalten, haben wir bereits angedeutet, nämlich so,
dafs die gälische mehr nach dem Sanskritismus, die
gallische mehr nach dem Turanismus hinneigt, und dafs

letztere also, trotz ihres jüngeren Eintreffens in Europa, doch
genetisch als die ältere erscheint. Als Grund für diese
Erscheinung aber können wir jetzt die doppelte, muthmafs-
liche chronologisch-ethnologische Ursache anführen: einmal,
dafs die gallischen Stämme das gemeinsame asiatische
Mutterland früher, und mithin auf einer älteren Stufe der
Sprachentwickelung verlassen hatten als die gälischen: und
zweitens, dafs dieselben, in Folge ihres mehr nomaden-
haften Wesens, zur Synthetisirung und Sanskritisirung ihrer
Sprache weniger geneigt waren.

Bei Anlafs dieser Bemerkung aber dürfen wir nicht ver-
säumen auch noch wieder einen vergleichenden Blick zu wer-
fen auf den andern der grofsen beiden keltischen Stämme,
den nordkeltischen, und zwar bezüglich auf dessen mehr-
erwähnten Zusammenhang mit dem Germanenthum.

Um uns nämlich diesen zweifelhaften, gerade in neuester
Zeit so vielfach bestrittenen Zusammenhang klar zu machen,
und den mancherlei entgegengesetzten Behauptungen hinsichtlich desselben ihren richtigen Werth zuzumessen, giebt es
vielleicht keinen bessern Weg als den der Bezugnahme auf
das durch die keltischen Mundarten bezeugte Werden und
genetische Wesen der Sprache.

Dafs, wie die Cherusker, Chatten, Bataver, Sueven, auch
die Kimbern und Teutonen unseres Stammes und Blutes gewesen, das ist, nach der Beschreibung ihrer Sitte und Erscheinung, für unser wissenschaftliches Urtheil kaum mehr
zweifelhaft, für unser nationales Gefühl bereits Gewifsheit.
Ja beides, unser Gefühl und Urtheil, neigt sich dahin, diese
Verwandtschaft auch noch auszudehnen auf die blonden, ti-
tanenhaften Eroberer Roms und Delphi's; ja vielleicht selbst
auf die skythisch-keltischen Geten und Saken, die dem grofsen
König abwechselnd als Leibwache dienten und als Feinde die

Stirne boten. — Aber unwiderleglich bleibt es dabei andererseits, dafs, trotz dieses ihres uns verwandten *Bluts, die genannten* Völker dem Namen wie der Sprache nach *nicht* als deutsche, sondern, namentlich die zuerst genannten, eben nur als gomerische gelten können. Was wir von der Sprache der Kimbern und Teutonen, ja eigentlich der meisten ältesten sogenannten germanischen Stämme wissen (zu beginnen mit den Namen Germanen und Teutonen selbst), findet im Deutschen immer nur eine sehr zweifelhafte, im Keltischen eine viel vollständigere Etymologie und Deutung.

Und wie also deuten wir uns nun einen solchen linguistisch-ethnologischen Zwiespalt?

Am besten, dünkt mich, durch die Annahme, dafs jene unsere turanischen Blutsahnen, — theils durch eigene innere Entwickelungskraft, theils unter Anstofs und Einflufs fortdauernder Berührung mit benachbarten arischen Sprachen und Völkerschaften, zuerst in Asien wie später in Europa, — dafs sie ihre Sprache wie ihre Sitte erst allmählig aus dem Turanischen in das Arische, durch das Keltische hindurch, umgebildet haben. Auf dieselbe Weise hatte sich ja, wie wir gesehen, das Keltische selbst zuerst aus dem Turanischen herausentwickelt, — und zwar namentlich wohl vermittelst des Iberischen oder Baskischen, das auch Wilhelm von Humboldt geneigt ist für eine solche noch mehr turanische Uebergangsbildung anzusehen. Und auf ähnliche Weise entwickelte sich in anderen Zeiten und Ländern das Hellenische aus dem Pelasgischen.

Vollendet aber wurde diese Entstehung des Gothisch-Deutschen, — diese (überdies immer noch sehr bedingte) Sanskritisirung des Kelto-Germanischen doch wohl· erst in Folge des Uebergangs unserer Väter vom kriegerischen Nomadenthum zum friedlichen Land- und Staatsleben, vom gesellschaftlichen Turanismus zu einem wirklich politischen,

ackerbauenden Arierthum, dessen Annahme und Pflege
mir, wie für den Ursprung des Zend und Sanskrit, so auch
für dessen Verbreitung eine wesentliche Bedingung scheint.
— Und so erwuchs dann, unter fortdauerndem Zusammen-
wirken innerer Entwickelung und äußerer Mischung, unsere
deutsche Sprache zugleich mit unserem deutschen Land
und Volk — drei in dieser Verbindung allerdings von einander
untrennbare Begriffe, da bloße Blutsverwandschaft nichts
bilden kann als Rassen und Stämme.

Wie zugleich äußerlich beeinflößt und doch innerlich verschieden, zugleich abhängig und unabhängig
vom Keltischen, das Deutsche damals war und wurde,
dafür finde ich einen merkwürdigen Beweis in einer dem
deutschen Grammatiker wohlbekannten Eigenthümlichkeit unseres Lautwesens, der sog. Lautverschiebung — d. i.
(richtig verstanden) der im Deutschen eingetretenen, und zwar
im Nieder- und Oberdeutschen doppelt eingetretenen, systemati-
schen Abweichung vom Sanskrit und den übrigen arischen Sprachen hinsichtlich der Weise in der die verschiedenen (dumpfen
oder tönenden, assibilirten oder nicht assibilirten) Artikula-
tionsformen der drei Mutae sich mit den drei verschiedenen Luftstärken zu verbinden pflegen. Während nämlich der Lateiner
(und Franzose) sagt: tu, duo, su-m: und mithin t als sogenannte
tenuis, d als media und s als aspirata gebraucht, sagt der
Engländer: thou, two, do; der Deutsche: du, zwei, thun: und
gebraucht jener also th, t, d; dieser d, z, th als entsprechende tenuis, media und aspirata. Und woher entstand und
erklärt sich nun diese Abweichung? Ich sehe darin nichts
als die dauernde und gewissermaßen systematisirte Anwendung jenes oben berührten, dem Keltischen eigenthümlichen
und in dessen phonischer Beweglichkeit gegründeten, syn-
tactisch-phonischen Gebrauchs, zufolge dessen in ge-

2

wissen Constructionsfällen die einfache dumpfe Artikulationsform
auf eine der sog. Lautverschiebung entsprechende Weise in die
assibilirte und tönende übergeht; aber eben nur vorübergehend,
während bei uns im Deutschen der Wechsel stehend geblieben
und im Nieder- und Oberdeutschen der doppelte bestimmende
Anfangspunkt je einer neuen Artikulationsscala geworden ist.

Aber, wie schon bemerkt, ist hier nicht der Ort — auch
wenn die Zeit es gestattete — diesen grammatisch-linguisti-
schen Werth der keltischen Sprachen noch weiter zu erörtern.
Was denselben so vielseitig bedeutend macht, ist, neben der
genetischen Zwischenstellung des Keltischen, noch besonders
dessen lange chronologische Dauer und weite geogra-
phische Ausbreitung. Wie vorwärts auf das Sanskrit, wirft
dasselbe sein Licht rückwärts und seitwärts auf das Aegyptische,
Semitische, so wie namentlich auf die noch so wenig bekannte,
merkwürdige Reihe der pelasgisch-tuskisch-thrakischen Sprachen. Und wie, abgesehen von der allgemeinen Verwandtschaft, das Keltische durch äufsere Mischung in alle unsere
modernen Sprachen — germanische wie romanische — mächtig
eingedrungen ist, eben so steckt auch das alte classiche Latein,
zufolge seines umbrischen Elements, voll von keltischen Wurzeln und Formen.

Durch diese weite chronologisch-geographische Ausbreitung der keltischen Wanderungen und Eroberungen wird uns
noch eine andere Thatsache begreiflich, die sonst freilich eher
ein keltomanisches Ansehen trägt, nämlich das Vorhanden-
sein einer über den ganzen Erdkreis, der alten wie der neuen
Welt, ausgestreuten Fülle gallisch-gälischer Orts- und Völkernamen. Von Sibirien bis Iberien, von Grönland bis ins Grö-
dener Thal, vom Apennin bis Ben Nevis, hat der alte Gomer
sich in das Album der Weltkarte eingeschrieben: die blonden
Usin Sibiriens spiegeln Irlands berühmte Ua-sin wieder;

der Ma - goch der Genesis entspricht einem in den cymrischen
Schriften vielgebrauchten Ausdruck für »blondes Volk oder
rothe Erde«;[6] Thule, die dunkle, ist ein in der cymrischen
Lyrik der Insel Mona (Anglesey) gegebenes Beiwort;[7] in Por-
tugal, Spanien, Frankreich, England, Italien und Süd- und
Westdeutschland sind bei weitem die meisten Berg-, Flufs-
und Städtenamen keltischen Ursprungs: und der Name der
Gallier selbst lebt noch heute gleichzeitig in Galloway und
Gallipoli, in spanisch und österreichisch Gallicien, in Sem-Gallen
und Portugal, ja vielleicht selbst in den nomadisch entarteten
Gallas von Afrika.

So viel von dem unmittelbaren linguistischen Werth
der keltischen Sprachen. Ihr nicht minder bedeutender mit-
telbarer Werth besteht darin, dafs sie uns den Eintritt
öffnen in das merkwürdige Gebiet der keltischen Litteratur
und Litteraturen.

Keltische Litteratur! Die Erwähnung einer solchen klingt
wohl manchem der verehrten Zuhörer seltsam. Giebt es also
aufser den modernen, classischen und orientalischen Literaturen auch noch eine keltische? — Und doch sind vielleicht
nur wenige unter uns die nicht einmal in nebliger Jugendzeit
für einen wohlbekannten keltischen Dichter geschwärmt hätten.
Wer kennt nicht Mac Phersons Ossian? Und wer erinnert sich
nicht vielleicht irgend einer süfsen unglücklichen Abendstunde
in der er, an der Hand des alten Barden, über die Haide
irrte, den Stern der dämmernden Nacht begrüfste, und die
Geister der Vergangenheit über sich im Winde rauschen hörte!

Das Erdichtete dieser sogenannten ossianischen Dichtungen
ist jetzt freilich nachgewiesen, und keine Kritik, ausgenommen
die der Hochlande, glaubt heute noch, weder an die Person
Ossians, noch an die von Mac Pherson behauptete Aechtheit und Alterthümlichkeit seiner Gesänge. Die Geschichte des

2*

sogenannten Ossian und der damit zusammenhängenden Dichtungen ist kürzlich folgende.

Von den keltischen Urgeschichten, Kämpfen und Wanderungen, namentlich von der romantischen Wanderung über Afrika, hatten sich, wie überhaupt auf den brittischen Inseln, so besonders in Irland mannigfache Ueberlieferungen erhalten. Neu belebt und umgebildet wurden dieselben schliefslich im 2. und 3. Jahrhundert unserer Aera durch das Eintreffen der jüngsten irisch-brittischen Einwanderung, der aus Nordosten kommenden Scoti — oder mit eigenem irischen Namen Fiona, Fena: d. h. die Blonden, Weifsen (vom Sing. Fion blond, weifs) — eines hehren blonden Stammes, gleich ausgezeichnet durch Schönheit und Weisheit, Poesie und Tapferkeit, und streng unterschieden durch alle diese geistig-körperlichen Eigenschaften von dem gleichzeitigen, gleichfalls ostkeltischen Stamme der Picten, oder mit einheimischen Namen Cruithne, dem Dubh Tuatha Cruithne (schwarzes Volk der Cruithne) der irischen Annalisten, so wie dem Llu Du (schwarzes Heer) der welschen Dichter und Triaden. Besonders berühmt aber durch Schönheit und Weisheit unter den blonden Fena war die sogenannte lichte oder erlauchte Sippe, die Ua-sin (auch Ua-ffin; von »Ua — dem O der irischen Familiennamen — Familie, Sippe«: und »sin oder ffin blond, hell, weifs«), deren Name, wie wir oben bemerkt, an die blonden Usin in Sibirien erinnert. — Und was den geschichtlichen Reiz dieses hehren Volkes, und dieses erlauchten Geschlechts insbesondere, noch wesentlich erhöhte, waren ihre geschichtlich überlieferten, vielfachen blutigen und tragisch-siegreichen Kriege mit den beiden benachbarten Völkern der Picten und Belgen: mit den ersteren theils in Schottland, theils in Irland; mit den letzteren namentlich im südöstlichen Irland, wo Fena und Belgen eine Zeitlang gemeinsam herrschten, bis gegen das Ende des

3. Jahrhunderts die Fena schliefslich von dem belgischen König Cairpre Cinncait in der grofsen (freilich halb mythischen) Schlacht von Cath Gabhra geschlagen und vollkommen vernichtet wurden. — Dieser Untergang wurde dann, scheint es, gleichsam die Wiege des neuen Fion oder Fin Gall. Der alte namengebende Stammheld tauchte aus jener Schlacht im Laufe der Jahrhunderte verklärt und erweitert wieder auf, als ein geschichtlicher Urtypus und religiös-poetischer Ausdruck nicht mehr blos für den einen ostkeltischen Zweig der irisch-schottischen Bevölkerung, sondern für deren sämmtliche west- wie ostkeltischen Theile: als ein — bald aus dem Süden, bald aus dem Norden — eingewanderter (daher vielleicht der Name Gall »Fremder«) göttlicher König, Sohn des Cumhal, d. h. der Picten im Norden, Enkel des Basc, d. h. der Iberer in Spanien: ein Urbild und Urheber aller altirischen Geschichte und Bildung, Sitte und Gesetzgebung; und namentlich auch, vermittelst seines Beinamens Miledh »Krieger«, der Urahne sämmtlicher aus dem Orient sich ableitender altirischer, sogenannter phönicisch-milesischer Geschlechter. — Die irische Litteratur besitzt eine Reihe alter, wohl bis in das 11. Jahrhundert zurückgehender Gedichte in denen die Thaten und Schicksale des göttlichen Helden gefeiert werden, und zwar von einer Reihe von Dichtern die sich mehrfach als Angehörige, sei es nun im dichterischen oder wirklich historischen Sinne, der altfenischen Ua-sin bezeichnen, und so zu derjenigen Vermehrung des Mythus einen Anlafs geben nach der dem Helden Fion nun der Held Ua-sin, Oi-sin (Ossian), zugleich als Sohn und als Barde, zur Seite steht. — Der ossianische Mythus in dieser weiteren Gestalt, und zugleich verflochten mit Ereignissen späterer Zeit, erscheint zuerst in einer Anzahl irischer Romane des 14. bis 16. Jahrhunderts, den sogenannten Scela oder Urscela, in

denen, nach Art der nordischen Sagas und der sanskritischen Annalen, der neuere prosaische Text eigentlich nur als Commentar auftritt zu stellenweise eingewobenen älteren Liedern. Später erscheint der Mythus ebenso, nur zugleich mit gewissen der Oertlichkeit und Landesgeschichte entlehnten Vermehrungen und Umbildungen, in einer Anzahl noch nicht veröffentlichter, aber mehrfach beschriebener, schottisch-gälischer Erzählungen (sgeulachds), die wohl meistens erst dem 17. und 18. Jahrh. angehören, und auf Grund der irischen verfertigt wurden von der in den Hochlanden zahlreich vorhandenen Klasse der ländlichen Barden und Senachas (Antiquaren). Und eine handschriftliche Sammlung von Erzählungen dieser Art ist es nun deren Nachbildung von Mac Phersons Ossian den ächten und mehr alterthümlichen Kern bildet; die ganze Erweiterung und Umschreibung dieses Kerns aber, gewifs mehr als die Hälfte des Werks, ist natürlich nichts als Mac Phersons eigenes Machwerk.

Wenn indessen, trotz aller solcher Verfälschungen, die Ossianischen Gedichte bei ihrem Erscheinen eine so beispiellose Wirkung hervorgebracht haben, — selbst auf Männer wie Herder, Goethe, und bekanntlich auch Napoleon, der den Ossian in Cesarotti's Uebersetzung las, — und wenn diese ihre Wirkung sich auch heute noch nicht ganz verloren hat, — so können sie dieselbe eben nur der durchdringenden Gewalt des ächten Kernes, nur dem mächtigen Zauber verdanken den der durch Mac Pherson's moderne Zuthaten nicht ganz erdrückte Genius altkeltischer Poesie hier, nach langer Zurückgezogenheit, zum erstenmal wieder auf das moderne Leben ausübte. — Mächtig dabei mitwirkte allerdings der eigenthümliche nebelhaft-glühende Ton und Hintergrund der schottischen Hochlande; aber auch dieser doch nur insofern als er den ursprünglichen Ton der alten Lieder gewissermafsen wiederhergestellt, als er hier,

in der Gebirgseinsamkeit von Morven, unter den Händen länd-
licher Barden jene alterthümliche Harfe der Ua-sin einen
Nachklang der Stimmung hatte bewahren oder wiederfinden
lassen in der sie ein Jahrtausend früher geklungen haben
mag, — und in der sie bei den (handschriftlich erhaltenen)
alt-kymrischen Barden noch heute wirklich vernehmbar ist.
Eine seltsame Mischung glühender Farbe und nebel-
hafter Zeichnung, eine merkwürdige eintönig-melodische
Gegensätzlichkeit wilder Leidenschaft und didactischer
Ruhe, schmetternder Klage und tiefsinniger Weisheit, jähen
Lebensübermuths und ewigen Todes; und durch alle Kraft
und Pracht der Einbildung und Empfindung, alle stille Tiefe
druidischer Belehrung immer durchzuckend das dunkle Bewufstsein eines unaufhaltsam dahin schwindenden, unrettbar
untergehenden Zeitalters und Menschengeschlechts: das sind
im Wesentlichen die durchblickenden Züge ächter Poesie im
Ossian; — und das zugleich, nur reiner und rauher, reicher
und gebundener, die vortretenden Hauptzüge in der gesammten keltischen Lyrik. Keinen tiefsinnig-wilderen, künstlerisch-
rauheren, nebelhaft-erkenntnifsreicheren Gräbergesang kennt
die Litteraturgeschichte als diese alt-keltischen, namentlich
alt-kymrischen Lieder.
　Die von Mac Pherson's Ossian hervorgebrachte poetische
Wirkung und kritische Aufregung ist aber auch dadurch wichtig geworden dafs sie, wie in Europa dem archäologischen
Studium der Volkspoesie und Volkssage überhaupt, so namentlich dem der keltischen, und zwar im Lande selbst, einen
neuen mächtigen Anstofs gab.
　Zunächst erfolgte in den Hochlanden die Sammlung und
Veröffentlichung eines Cyclus mehr oder minder ächter dem
Ossian verwandter alter Lieder (Sen Deana). Dann aber er-
hoben sich Irland und Wales; jenes, um vor allem, Schottland

gegenüber, seinen wirklichen Antheil an dem doppelten, litte-
rarisch-geschichtlichen Ossianischen Mythus geltend zu machen;
dieses, um, gegenüber dem neu-keltischen Pseudo-Homer, die
reichen Schätze seiner ächten alten bardischen Poesie allmählig ans Licht zu ziehen, und dieselben zugleich durch neue
Dichtungen zu vermehren. Die letzte Epoche und verjüngte
Blüthe deren sich sowohl die irische als die welsche
Archäologie, Sprache und Litteratur heute erfreut, ist durch
Ossian ins Leben gerufen worden.

Diese beiden Litteraturen, die irische und welsche,
sind es aber die die keltische wesentlich ausmachen. Die
Hochlande haben aufser den erwähnten Gesängen — die doch
mehr als eine Abzweigung der irischen Litteratur gelten
müssen — nichts Nennenswerthes hervorgebracht; noch weniger die Insel Man und deren Sprache, das Manx. Von den
andern beiden Sprachen des gallischen Stamms aber besitzt das Cornische namentlich nur eine beträchtliche Anzahl Volkslieder und Mysterien; das Bas Breton dieselben
beiden Litteraturzweige zwar in gröfserem Umfang, jedoch
beide auch nur von sehr gemischtem Alter und Werthe.

Viel gröfser freilich ist ein anderes litteratur - histo-
risches Verdienst Klein-Brittanniens, dafs es nämlich, ähnlich wie Schottland die Geburtsstätte des neuen Finn Gall,
so seinerseits die Wiege eines noch berühmteren und einflufs-
reicheren Mythus geworden ist, eines Mythus der, zwar
in seinen allegorischen Ursprüngen aus Grofsbrittannien stam-
mend, doch erst in dem continentalen Tochterland — und
zwar hier, scheint es, unter der Nachwirkung der Thaten und
Siege König Attila's — seine ritterliche Gestalt und roman-
tische Bedeutung gewonnen zu haben scheint, — nämlich der
Mythus von König Arthur und der Tafelrunde. — Die eigentliche schriftstellerische Ausbildung und Verwirklichung dieses

merkwürdigen Sagenkreises indessen hat Klein-Brittannien wieder zunächst dem kymrischen Mutterlande (durch Galfried von Monmouth), sowie später den romanisch-deutschen Nachbarländern überlassen, und kann deshalb auch an diesem poetischen Verdienst und Ruhm keine wirklich litterarische Betheiligung beanspruchen.

Von den beiden keltischen Hauptlitteraturen haben wir den wesentlichen Inhalt der irischen schon bei unserer Erläuterung über Ossian berührt. — Derselbe besteht, seinem bei weiten gröfsten Umfange nach, aus mythologisch-genealogischen Gedichten, Geschichten und Romanen — die letzteren kaum weniger fabelhaft als die sogenannten Annalen (in denen z. B. ad annum 534 der allegorische König Bier (Muirehertach) in der Reihe der belgisch-irischen Könige figurirt). — Den ältesten Theil der irischen Lyrik bildet jedenfalls das, wohl auf das 7. Jahrhundert zurückgehende (bis jetzt noch nicht veröffentlichte) sogenannte Sen-eachas oder Fein-eachas (altes fenisches Gesetz) — nämlich eine Sammlung altpoetischer (theilweise dem Fion selbst zugeschriebener) Rechtssprüche und Gesetze. — Die nächst älteste Stufe einnehmen eine Reihe Schlacht- und Todtenlieder und Zaubersprüche und Gebete, sowie wohl die oben erwähnten Gedichte auf Fion: sämmtliche indessen gewifs um mehrere Jahrhunderte jünger als die entsprechenden Stücke der altkymrischen Poesie.

Was aber, aufser dieser höheren Alterthümlichkeit, die kymrische Litteratur von der irischen bei sonst verwandtem Inhalt am wesentlichsten unterscheidet, ist zweierlei:

1. das mehr Vokalhafte, Assonanz- und Vollreimartige ihrer Lyrik, gegenüber der mehr allitterirenden irischen, und

2. das mehr Didactische — und, wir stehen nicht an zu sagen, Druidenhafte ihres gesammten Inhalts und

Ursprungs, gegenüber dem mehr bardischen Inhalt
und Ursprung der irischen Litteratur.

Wir glauben aber gewifs nicht zu irren wenn wir auch
diese beiden Unterschiede wieder zurückführen auf den grofsen
Unterschied einer südwestlichen und nordöstlichen Herkunft
und Wanderschaft, und wenn wir zugleich in diesem Verhältnifs den Grund für die Thatsache erkennen, dafs, wie von
den beiden keltischen Hauptsprachen, so auch von den beiden Hauptlitteraturen, die welsche uns entschieden als
die mehr alterthümliche und ächter keltische erscheint.
Die vergleichsmäfsig viel höher stehende dichterische Bedeutung der kymrischen Lyrik indessen bleibt dabei reines freies
Verdienst des einzelnen Volkes, sowie des einzelnen Dichters, —
sofern wir nicht vielleicht auch hier die begeisternde Nachwirkung der südlichen Sonne mit in Anschlag bringen wollen.

Um nun von dem Wesen und Werth der welschen Litteratur — deren gründliches Verständnifs freilich ein sehr langes
Studium erfordert — hier wenigstens einen vorläufig kurzen
Begriff zu geben, will ich versuchen der geehrten Versammlung einen Blick auf drei vorzugsweise eigenthümliche Schöpfun-
gen dieser Litteratur zu öffnen. Dieselben sind:

1. die alte Lyrik,
2. die didactische Triade,
3. das allegorische Märchen;

die erstere mehr bardischen, die beiden letzteren entschieden druidischen Wesens und Ursprungs.

Die altcymrische Lyrik, oder Lyrik der sogenannten
Cynveirdd (Alt-barden), von deren merkwürdigem, rauh-künst-
lerischem Styl wir schon oben gesprochen, gehört in die
erste Epoche der cymrischen Litteratur, und umfafst, vom
fünften bis zum zehnten Jahrhundert, die Zeit des durch Vor-
tiger (Gwr-theyrn) wieder hergestellten heidnischen Barden-

und Druidenthums. Sie wird vertreten durch eine Anzahl
altheidnischer Gebet-, Schlacht-, Preis-, Fest- und Todtenlieder; an die sich erst später (nicht vor dem neunten Jahrhundert) eine, in ganz anderem Styl verfaßte Reihe, mysti-
scher, neo-druidischer Betrachtungsgedichte anschließt. Erst
in diesen letzteren zeigen sich deutliche Spuren des Christen-
thums (sowie gleichzeitig des Königs Arthur).

Das äußere Merkmal das, wie alle Style und Zeitab-
schnitte der cymrischen Lyrik, so auch diesen ersten vorzugsweise kennzeichnet, ist der Gebrauch des Reims, und
zwar, wie bereits angedeutet, in einer Macht und Mannig-
faltigkeit, einer zugleich ursprünglichen Natürlichkeit und
regelrechten Künstlichkeit, welcher nur die orientalische Poesie
etwas Aehnliches darzubieten hat. Während, wie gleichfalls
bemerkt, die irische Lyrik, hierin ihren nordischen Ursprung
verrathend, sich mehr dem Stabenreim (der Alliteration) zu-
gewandt, herrscht in der cymrischen nebeneinander sowohl
Staben-, Lauter- als Vollreim, sowohl Binnen- als vielfach
wiederkehrender End- und Schaltreim. Und zu einem solchen
reichen, durchdringenden Gebrauch des Reims erscheint das
Welsche in der That durch Anlage und Ausbildung gleich-
mäßig berufen. Den der Sprache eigenthümlichen, und bis
auf den heutigen Tag lebendig erhaltenen, mimischen Klang
des Wortes, sowie dabei zugleich die reiche Vielbedeutsamkeit
der einzelnen Lautgeberden, hat der didactisch-axiomatische
Styl schon frühzeitig für seine Zwecke zu benutzen und den
Vergleich der Begriffe durch den der Laute mnemotechnisch
zu binden gewußt; auf welcher Bahn dann der Barde dem
Druiden nur zu folgen hatte, und hierbei für seine Zwecke
noch unterstützt wurde durch die der Sprache gleichfalls eigenthümliche, ebenmäßige Vertheilung der Vocale und Consonanten. Der Reim der cymrischen Lyrik besteht nicht nur,

wie der der romanischen, in einer harmonischen Cadenzen-
reihe, sondern zugleich in einer ununterbrochenen, eng-ge-
schlossenen, Schlag auf Schlag ineinander greifenden Kette
fortgesetzter witzig-harmonischer Laut- und Wortspiele. Und
erwägen wir dabei weiter, in welches hohe Alter unserer
Aera diese so reich und kunstmäfsig gebundene Lyrik der
Cynveirdd hinaufreicht, und wie allmählig damals, im 6., 7.,
8. Jahrhundert, die (überdies zumeist von Dichtern keltischer
Länder ausgehende) gereimte lateinische Kirchenpoesie des
Mittelalters sich erst zu entwickeln anfieng, so bleibt uns kaum
ein Zweifel dafs die Ehre der europäischen Urheberschaft
des Reims der keltischen und insbesondere gallischen Lyrik
zufällt. Als Bestätigung hierfür kann auch noch das in alle
moderne Sprachen übergegangene Wort R e i m selbst dienen,
als welches ohne Frage von dem keltischen »rhim (rhiv) Zahl,
Maafs, Vers« abgeleitet ist.

Ich glaube die verehrte Versammlung mit der eigenthümlichen Reim- und Satztechnik, sowie dem künstlerischen Ge-
sammtstyl der ältesten welschen Lieder nicht besser bekannt
machen zu können als indem ich ihr ein paar Proben derselben, möglichst getreu übersetzt, mittheile.

Die erste Probe ist ein Opfergebet an den Gott Pryd, den
altbrittischen Phoebus Apollon, den zugleich als Jahres- und
Stammgott, als König und »goldner Drache« verehrten Namens-
geber sowohl des Volks der Britten als des Eilandes Pryd-ain
(d. h. Pryd's Eiland), das hier auch »Seeburg« genannt wird.

König Pryd, hör mein Lied, Herr, zumal:
gönn' im Dienst deiner Gunst mir einen Strahl!
Fest dir beut die Seeburg heut, See um Wall,
Wall um Burg, Burg dich ruft, Herr, mit Schall! .
Herr, dies Opfer, hold im Schleier, dir gefall!
Goldner Drache, hold umfache das Opfermahl!

Das zweite Beispiel sei ein Schlachtgebet an denselben Gott, der hier als Seri-bänd'ger, d. i. Bändiger der bösen Geister, angerufen und mit Nyddig Nar, einer altkeltischen (an die ägyptische Neith erinnernden) Schlachtengottheit verglichen wird:

Fürst, lebendger, Seri-bänd'ger, tritt, Gewalt'ger, dem Heer voraus:
Feinde malmend, Speere blitzend, zu uns schützend dich wend' im Straufs:
gleich Nyddig Nar, durch Stürme klar, deck' auf, furchtbar, den Aarenschmaus.

Als dritte Probe endlich will ich ein, in anderem, dreizeiligen Metrum (dem sogenannten Triban Milur) verfafstes Leichenlied (Marunad) mittheilen, und zwar das auf Geraint ab Erbin (Geraint Erbin's Sohn), den aus der Arthursage bekannten (bei Chrétien und Hartmann Erec geheifsenen) Geliebten der schönen Enid. Im vorliegenden Marunad erscheint derselbe als ein Fürst aus Devon-shire (Dyvnaint), der bei Llongporth (wahrscheinlich dem heutigen Langporth in Sommerset, wörtlich »Schiffshaven«) erschlagen wird, nachdem er unmittelbar zuvor einen Sieg erfochten, und (vermuthlich auf einem Plünderzug) reiche Beute gemacht hatte, dann aber, scheint es, beim Genufs derselben unvorbereitet vom Feinde überfallen worden war.

Bei Llongporth war Sturz und Stofs,
Feindes Leichname zahllos
vor dem Arm des Geraint grofs.

Bei Llongporth war wilde Wuth,
Brave bleich und Brau'n voll Blut
vor dem Arm des Geraint gut.

Bei Llangporth war Fall'n und Fliehn,
Mann im Blut bis zu den Knieen
vor dem Sohn des Erbin.

Bei Llongporth war Muth ohn' End',
Männer dem Feinde trotzend,
und Wein aus Glas-glanz trinkend.

Bei Llongporth war Feu'r-entbot
der Mannen, und jähe Noth;
nach Beut' und Ruhm bittrer Tod!

Bei Llongporth war Metzelei
der Helden, und Hülfsgeschrei:
»wer Geraint dient, eil' herbei!«

Bei Llongporth sah ich die hell'n
Brünnen von Blute tröpfeln,
nach Siegsruf Todesröcheln.

Bei Llongporth lag Leich' an Leich'
Den Raben zur Labe reich,
lag Er mit dem Todesstreich!

Bei Llongporth fiel Geraint,
Der Held vom Waldland Dyvneint,
gefällt unter ihm der Feind! —⁸

Die Triade, — von der wir zweitens reden wollten, —
gehört, wie bemerkt, zu der im Cymrischen so reich vertretenen, und in ihren Ursprüngen ohne Frage auf das Druidenthum und auf die Druidenschulen zurückzuführenden,
axiomatischen Didactik. Je entschiedener der druidische
Unterricht den Gebrauch der Schrift von sich wies, um desto
dringender bedurfte er für seine Lehr- und Merksätze einer
mnemo-technischen Fassung, d. h. einer Fassung die
sich dem Gedächtnifs des Lernenden leicht und unverlierter
einprägte. Als ein solches mnemo-technisches Mittel bezeichneten wir schon oben den Reim, und erkannten dessen
ersten Ursprung in einem solchen Bedürfnifs mündlicher Didactik. Auf dasselbe Bedürfnifs gegründet, begegnet uns nun
hier die numerisch-rhythmische Form der Triade.

Hier das Beispiel einer Triade aus dem Lehrgebiet der
Geographie:

Drei Hauptlandschaften der Insel Prydein giebt es: Cymru,
Lloigr und Alban (Wales, England und Schottland).

Und hier ein Beispiel aus der Historie:

Drei friedliche Ansiedlungen auf der Insel Prydein giebt es: die der Cymern, die der Lloigrer aus dem Baskenland und die der Britten aus Armorica.

Und hier eine Triade aus der Rechtskunde:

Drei Arten Vorrechte giebt es: die des Bluts, die des Grundbesitzes und die des Amtes.

Und ich füge hierzu gleich noch drei andere Beispiele aus dem Gebiet der Ethik und Religion:

Drei Sprachen bilden die Sprache der Wahrheit: die der Natur, der Vernunft und des Gewissens.

Drei Dinge dulden nicht Regel und Methode: Begeisterung, Liebe und Tod.

Drei Dinge sehen im Dunkeln: Genius, Gewissen und Liebe.

Das mnemo-technische Geheimnifs dieser Form beruht, neben der didactischen Kraft der Zahl überhaupt, auf der eigenthümlichen, sich stufenweise ergänzenden und abschliefsenden Kraft gerade der Dreizahl, die zu dem Dualismus des Satzes und Gegensatzes noch eine versöhnende Spitze fügt, und, übereinstimmend mit dem mathematischen Gesetze, »dafs drei Punkte eine Ebene bestimmen«, sowie dem logischen, »dafs jede Handlung Anfang, Mitte und Ende hat«, nun auch jeder Handlung und Vorstellung in unserem Geist und Gedächtnifs die Vollständigkeit eines äufsern Haltes wie inneren Zusammenhanges leiht. Das Ich, Du, Er der drei Personen; der Singularis, Dualis und Pluralis des Numerus; das Activ, Passiv und Reflexiv des Verbums; die drei Geschlechter, drei Steigerungsgrade, drei Correlative und drei Modi, — sind alles grammatische Anwendungen derselben uralten Triadenform.

Vortrefflich eignet sich dieselbe auch zu epigrammatischwitzigen und scherzhaften Wirkungen, wenn sie nämlich in ihrer

Spitze dem vorhergehenden Dualismus nicht einen gleichen,
sondern fremdartigen, nicht einen versöhnenden, sondern ver-
höhnenden Gedanken hinzufügt:

z. B. Ueber drei Dinge lacht der Narr, über alles Richtige,
alles Unrichtige, und über alles, was er nicht versteht.

Drei Dinge sieht der Welsche am liebsten aufgehangen:
einen nassen Hut, einen gesalznen Lachs, und einen Geiz-
hals.

Drei Schutzmittel hat das Frauenzimmer: das Kind seine
Unschuld, das Mädchen seine Schönheit, das Weib — ei
thavod — seine Zunge.

Die dritte merkwürdige Schöpfung der cymrischen Litteratur von der wir reden wollten, ist das allegorische
Mährchen.

Der Ursprung desselben geht ohne Frage gleichfalls in
die Ursprünge des Keltenthums und Druidenthums zurück, und
hängt zusammen mit dem, schon von Diogenes Laertius erwähnten, uralt-druidischen Grundsatz: „αἰνιγματώδως φιλοσο-
φῆσαι", »damegu eu rhin« d. h. die Lehre zu verbildlichen.
Die meisten indessen der uns noch erhaltenen cymrischen Parabeln und Mährchen, — namentlich sämmtliche sogenannte
Mabinogion — gehören erst in die zweite cymrische Litte-
raturepoche, und gruppiren sich um die damals, im 11. und
12. Jahrhundert, vorzugsweise beliebte Figur des Königs Arthur. Selbst allegorischer Natur, und mit seinen zwölf Rittern
an der Tafelrunde in der That nichts bedeutend als das
Jahr mit seinen zwölf Monaten, eignete sich dieser König
vortrefflich dazu ein neuer Mittelpunkt aller, theils schon
vorhandener, theils frisch entstehender, alterthümlicher Alle-
gorieen zu werden, und verdankte es auch seinerseits wieder
dieser Berührung dafs er hier in Wales gleichsam mehr seiner
Natur eingedenk, und, gegenüber den fremden Umbildungen

und Verdunkelungen, fortwährend allegorisch ächt und durchsichtig blieb. Während der König Arthur der continentalen Romanze als ein wahrer, idealer Fürst und Ritter auftritt, als ein Ehrenspiegel siegreicher Zucht und hülfreicher Gerechtigkeit auf Erden, erscheint der welsche Arthur vielmehr als ein Zauberspiegel allegorischer Erkenntnifs, als ein geheimnifsvoller Fürst tiefsinniger Räthsel und witziger Parabeln, — gleichsam als der Oberpriester eines Tempels, in dessen Heiligthum die verhüllte Wahrheit thront, und nur gelegentlich — besonders beim Nennen jedes Eintretenden — ihren Schleier lüftet. Der Name ist es durch den die hier versammelten Mährchenfiguren am deutlichsten erkenntlich werden.

So z. B. finden wir gleich in den sieben Thürhütern am Arthurshofe (in dem Mabinogi von Geraint) mit wenigveränderten Namen, die Thürhüter unseres eigenen Geistes — nämlich die sieben Sinne wieder. (Der Welsche nämlich zählt, — wie auch gelegentlich der Engländer (when he is frightined ont of his seven senses) — sieben Sinne, als sechsten das Gefühl oder den Gemeinsinn, und als siebenten die Sprache.) Und zwar finden wir den Gemeinsinn hier mit Katzenaugen, »weil er (offenbar im Zusammenhang mit der oben angeführten Triade) im Dunkeln sieht.«[9] — Die schöne Ginerra,[10] die hier Gwenhwyrar, d. i. Wechselschöne, heifst, stellt als Arthur's Weib die wechselnde Jahreszeit vor, und theilt also auch mit dem Jahre, d. h. mit Arthur selbst, die Schuld ihrer Untreue. — Kau, der langbeinige, aufschneiderische Hausmeister, ist nichts als »Gau, die Lüge«, und vollführt mit allen seinen Wanderungen und Abenteuern nur den Beweis des alten Sprüchworts: »goreu pedestr gau«, dafs »die Lüge die längsten Beine hat.« — Parcival aber, der Ritter vom heiligen Graal, führt den Namen Peredr, d. i. Stahl

3

(Speer, Degen); sein Vater ist Graf Erzig;[1] seine Mutter Prin-
zeſs Erzstufe; sein Waffenbruder heiſst Scharf von Roth-
schwert; sein Vetter, ein röthlich-blonder Jüngling (das Roh-
eisen), war ursprünglich ein eisenschwarzes Mädchen (the black
band), die aus dem Verschluſs eines hohen Berges befreit werden
muſste: — und wem alle diese Verwandtschaften noch einen
Zweifel an der Natur unseres Peredr übriglassen, der wird
denselben gehoben finden: einmal durch die Gewohnheit des
Helden, alle Abend, nachdem er den Tag über gefochten,
in seine Gefangenschaft — d. h. seine Scheide — zurück-
zukehren: und zweitens durch sein Verhältniſs zu dem wun-
derbaren Müller, dem er alle Tage Geld entleiht, und der
ihm dafür, so oft er im Kampfe stumpf wird, aufmunternd
zwischen die Schultern schlägt und wieder kampftüchtig macht,
und der eben niemand anders ist als »Herr Schleifstein«.
— In den meisten dieser Züge tritt mehr die witzige und
humoristische Seite der Allegorie hervor; aber auch die ge-
heimniſsvoll-tragische, bezüglich auf die blutigen Wunden
die der Stahl schlägt, fehlt nicht, namentlich nicht die bekannte schöne Stelle von den Blutstropfen im Schnee. Nur
die Beziehung auf das heilige Blut gehört der christlichen
Umbildung.

Wer freilich an dieser unserer, durch Wort und Sinn ge-
botenen, Erklärung der Peredursage und sämmtlicher Arthur-
sagen entschiedenen Anstoſs nehmen wird, das ist unsere gewöhnliche ästhetische Kritik, die, noch unter dem versteckten
nebligen Einfluſs der sogenannten Sturm- und Drangperiode,
sowie unserer daraus hervorgegangenen Naturwüchsigkeits-
Theorien, sich gewöhnt hat, alle Allegorie für modern
und nur die Symbolik — das soll doch wohl heiſsen die
unabsichtliche Allegorie — für alterthümlich und dichte-
risch zu erklären. Um aber den Widerspruch dieser Kritik

vollkommen zu beseitigen, und um der hochgeehrten Versammlung, indem ich die hohe dichterische Alterthümlichkeit
der freien Allegorie zu beweisen suche, zugleich einen schliefs-
lichen Beweis für die hohe Alterthümlichkeit und Bedeutung
der kymrischen Litteratur vorzulegen, will ich hier, an-
schliefsend an die Arthursage, noch über ein höchst merk-
würdiges altkymrisches Gedicht berichten, ein allegorisches
heroisch-lyrisches Epos, seinem Sinn und Inhalt nach vielleicht das merkwürdigste dieser Art das die gesammte Litteratur aufzuweisen hat, nämlich das Gedicht der Gododin,
zuweilen auch Cynvelinslied genannt.

Die alten Britten hatten die Sitte, zur jedesmaligen Feier des
Jahreswechsels (gwyl gylchwy), ursprünglich während der ersten Woche des Monats Mai, innerhalb eines ihrer heiligen Stein-
ringe — seit Vortigern besonders in dem von Stonehenge — eine
Reihe festlicher Gelage und dabei zugleich bardischer Sän-
gerkämpfe abzuhalten, deren nach Form und Inhalt streng
vorgeschriebenen Gegenstand das Ereignifs des Jahreswechsels
selbst bildete. Aus dreihundertsechszig (oder 363) Versen
mufste das Gedicht bestehen, und aus eben so viel Silberpfen-
nigen (ccinioc) bestand der Preis des Sängers. (Dafs nämlich
die Zahl 365 nicht voll, erklärt sich wahrscheinlich aus dem
Abzug der Festtage während deren der Sängerkampf stattfand,
die eine Art freier Schaltfrist gebildet zu haben scheinen.)

Die alt-kymrische Litteratur enthält noch eine Anzahl verschiedener alterthümlicher, bis jetzt freilich nur sehr unvoll-
kommen verstandener Bruchstücke von mehreren dieser Gedichte. Der übereinstimmende Inhalt derselben ist kürzlich
folgender.

Dreihundertsechszig — oder dreiundsechszig — fürstliche
Krieger rücken aus zu den Pforten von Eiddyn — d. i. Aedd's
Eiland, Brittannien — nach dem Schlachtgestade (Cat-traeth),

3*

zum Kampf mit einem fremden Feind. Dort halten auch sie
innerhalb des Steinrings eine Woche lang ein festliches Gelag,
und bei diesem selbst erhebt sich der Kampf, in dem sie
sämmtlich, einer nach dem andern, Tag auf Tag, glorreich
erschlagen werden. Nur drei, (zuweilen auch einer), ent-
kommen — wahrscheinlich wieder mit Bezug auf denjenigen
Tag vor Neujahr an dem das Gedicht vorgetragen wurde —:
und zwar beschreibt sich immer der singende Barde selbst
als einen der Drei. Ein zweiter immer wiederkehrender Name
ist Cynan, d. h. Gesang, Rede. Die Hauptgedanken aus denen
der Barde seinen weiteren Stoff zu schöpfen hatte sind, mehr
im Allgemeinen, der Gegensatz zwischen dem fröhlichen Muth
des Anrückens und dem verhängnifsvollen, unvermeidlichen
Ausgang; der jähe Uebergang vom Jubel des Mahles zum
ewigen Schweigen des Todes: mehr im Einzelnen ist es die
Geschichte, Verherrlichung und Todtenfeier einer gewissen Anzahl — vielleicht immer zwölf — volksthümlicher Heroen.
Wie die christliche Kirche von Tag zu Tag des Kalenders
ihre Märtyrer und Heiligen feiert, scheint das Barden - und
Druidenthum die eine grofse Maifeier dazu bestimmt zu haben
die grofsen Namen der keltischen Vorzeit im Gedächtnifs des
Volks lebendig zu erhalten, und die Klage um ihren Fall und
Heldentod mit der zu verbinden die über den jedesmaligen
Tod des Jahres erhoben wurde. Der Gesammtname der tod-
geweihten Krieger, — zuweilen auch nur der des Schlacht-
gestades — ist Gododin, wahrscheinlich der, bei den lateinischen Schriftstellern Ottadini lautende, Name einer altkeltischen Völkerschaft gegenüber der Insel Man, wohl eines Ueber-
restes der ältesten alwanischen Einwanderung. Als der sieg-
reiche fremde Feind aber erscheinen, — wenigstens nach der
gewöhnlichen späteren Auslegung, — die Sachsen.
Hier, in getreuer Uebersetzung, einige Proben des Gedichts,

zugleich in genauer Nachbildung des in den Bruchstücken
vorherrschenden Metrums, bestehend aus Stanzen von sechs
bis zehn durch denselben Reim verbundener Verszeilen, deren
jede wieder aus drei kleinen je zwei-viertel-taktigen Gliedern
besteht und so einen hexameterartigen Trimeter von eigen-
thümlich kriegerischer Bewegung darstellt.

> Kühn zum Streit · nach Cattraith · zog die Schaar,
> süfser Meth ihr Labsal und ihr Giftmahl war;
> dreimalhundertzwanzig zogen hin, fürwahr,
> laut mit Schall, jetzt alle schweigend immerdar:
> alle die da wallten hin zum Steinaltar
> traf der Stofs des Todes unentrinnbar.

> Kühn zum Streit · nach Cattraith · zog die Schaar,
> Wein und Meth im Goldpokal ihr Labsal war;
> Lust und Ehr sie leerten wohl ein ganzes Jahr,
> drei-dreihundertsechszig zogen aus fürwahr:
> aller so da rannten in des Ruhms Gefahr
> dreie nur dem Tod entrannen wunderbar.

> Munter lachend nach Gododin zog das Heer,
> Schwert in Händen, funkelnd hell in Waff' und Wehr,
> kurz und jäh ihr Jahr des Glücks, ihr Schicksal schwer:
> jung und alt, kühn und mild, wild und hehr,
> alle so da wallten hin zur Schlacht am Meer,
> alle fiel'n, erschlagen, ohne Wiederkehr.

> Nach Cattraith die Streiter zogen früh am Tag,
> fort sie rifs des kühnen Herzens rascher Schlag,
> ein Jahr lang war Klang und Lust und Festgelag,
> Wein und Meth sie muthig tranken Tag auf Tag:
> aber jäh auf Stolz folgt tiefe Niederlag',
> Leid auf Lust, auf lauten Jubel laute Klag'. —

Und nun den Schlufs des Gedichtes nach einem anderen,
nicht zu der gröfseren Compilation gehörigen Bruchstücke,
in dem dasselbe statt des Namen der Gododin den des Königs
Cyn-velin (Cymbelin) trägt, wahrscheinlich als des gelegent-

lich so gefeierten Hauptanführers (Mynawc oder Mynyddawc) der Dreihundert und sechszig.

> Dies das Lied, zur grofsen Jahres-Wiederkehr,
> Fürst Cymbélins; seines Landes Lust war er;
> um den Theu'rn ein Klaglied ist's, und Klage schwer
> Burg Eidyn, um dich und deiner Heil'gen Heer:
> Heil dir, heil'ges Eiland, grün im weiten Meer!
> reich an Rofs und Meth und Matten immermehr!
> wohl verstanden hast du der Gododin Mär',
> und ihr bitt'res Leid, das reichen Golds Gewähr
> mir gebracht: so deine Macht · sich ewig mehr'!

> Drei-dreihundertsechszig zogen aus zumal
> hin zum Streit · nach Cattraith · in voller Zahl;
> aller so da wallten hin zum hohen Saal
> drei davon · nur entfloh'n · dem blut'gen Stahl:
> Cynan von Cattraith, Cath-leu vom Kampfthal,
> und der dritt' ich selbst mit meiner Wunden Mahl,
> des Mysteriums Sänger ich beim Festmahl:
> baar in Gold mir ward gezahlt der Zeilen Zahl,
> baar dafür gab ich mein Lied, und nichts verhahl:
> mit Cymbelins Lied für Ehr und Gold ich zahl. [13]

Es darf mir wohl genügen diesen grofsartigen poetisch-allegorischen Gedanken, — dieses ächt-germanische Mysterium des Jahreswechsels in Gestalt einer Völkerschlacht und kriegerischen Todtenklage, — hier ohne weitere Erläuterung aus seinem tausendjährigen Dunkel emporsteigen zu lassen. Auch nur im Vorübergehen will ich aufmerksam machen auf das wunderbare Licht das von dem unbekannten Gododin-Liede auf den ursprünglichen (wenn auch vielfach umgebildeten) allegorischen Kern verschiedener uns Allen wohlbekannter Gedichte zu fallen scheint, zunächst unserer Nibelungen, dann auch des altindischen Mahabharata, und der Homerischen Ilias. Denn auch in dieser, dünkt mich, sollte doch wohl ursprünglich nichts anderes besungen wer-

den als der verhängnifsvolle Kampf um die heilige Burg einer
alten cyklischen Kalenderfrist und deren unabwendbarer Untergang vor den siegreichen Anrücken einer neuen.

Ἔσσεται ἦμαρ ὅτ ἂν ποτ' ὀλώλη Ἴλιος ἱρη.

Und es liegt nahe mit diesem gomerischen Ursprunge
der Ilias den Namen Homer selbst in Verbindung zu bringen. Alles dies indefs hier nur beiläufig.

Aber einen Zug des keltischen Gedichts will ich hier am
Schlufs meines Vortrags deutlicher betonen.

Dasselbe, wie wir gesehen, nennt, mit einer merkwürdigen
Selbsterkenntnifs, als Vertreter des alten erschlagenen
Jahrs sein eigenes Volk, als Vertreter des neuen siegreichen die germanischen Sachsen. Und wir haben
schon oben beim Ossian bemerkt, wie das Gefühl einer
solchen Selbsterkenntnifs auch andere Theile der keltischen
Litteratur durchdringt. Erscheint es nun aber, einem solchen
Gefühl gegenüber, nicht unserer- deutscherseits als ein un-
abweisbares Gebot der Pflicht und Ehre dafs wir, das Gefühl anerkennend, den Platz den es uns zuweist würdig ein-
zunehmen und zu behaupten suchen? — Hierzu aber halte
ich zweierlei für erforderlich:

einmal, dafs wir muthig und männlich diejenigen Tugenden
zur Geltung bringen die uns, dem Keltenthum gegenüber,
vorzugsweise zugefallen sind, nämlich die Tugenden der
Stätigkeit und Sitte, der Gesetzlichkeit und Gerechtigkeit;
und dann aber auch zweitens: dafs wir treu und dankbar, neben dem ethnologischen Vermächtnifs in unsern Adern,
zugleich des wissenschaftlichen gedenken das die keltische Vorwelt in ihrer Sprache und Litteratur uns hinterlassen
hat, und dafs wir daraus namentlich einen doppelten Schatz
uns anzueignen suchen: ein neuerwecktes Bewufstsein des genetischen Worts und des allegorischen Mythus.

ANMERKUNGEN.

1. S. 1. Der Wechsel zwischen **K** und **G** in „Kelten" und „Galator" und eben so in „Gomer" und „Kimmerier" erklärt und rechtfertigt sich durch die, den keltischen Sprachen eigenthümliche, phonische Beweglichkeit der Consonanten, namentlich der anlautenden **Mutae**, bei denen der Unterschied der dumpfen und tönenden (eben so auch der assibilirten oder nicht assibilirten) Form, — z. B. **k** und **g,** — nicht wie im Sanskrit, in regelmäfsiger fester Verbindung mit einer bestimmten Luftstärke auftritt, — k als Tenuis und g als Media und sogenannte Aspirata, — sondern, wie in den meisten turanischen und gewissermafsen auch den semitischen Sprachen, zu gewissem Grade abhängig ist von der Wortverbindung. Nicht nur, dafs in den heutigen keltischen Sprachen die anlautende einfache dumpfe Muta bei gewissen syntactischen Fällen regelmäfsig übergehen mufs in die entsprechende assibilirte oder tönende Form — (z. B. welsch: tad „Vater" in ei thad „ihr Vater" und ei dad „sein Vater"), — giebt es auch eine Anzahl welscher und irischer Wörter und Wortformen die, abweichend von der im Allgemeinen angenommenen sanskritischen Articulationsscala, zu beweisen scheinen dafs im Altkeltischen aufserhalb der Wortverbindungen die dumpfe Muta vorzugsweise beliebt war, und für alle Luftstärken — als Tenuis, Media und Aspirata — gleichmäfsig angewandt wurde: wie ja bekanntlich auch das Altägyptische, Tuskische und mehrere tatarische Sprachen ein b, g, d nicht kennen. (So z. B. die altkymrischen Formen pwyv (sum), pum (fui), poet (esto) abwechselnd mit bwyv, bum, boed, und das altirische tame, ta-im neben dem (gleichbedeutenden) Verbalpräfix do.) Am gröfsten aber ist diese phonische Beweglichkeit der keltischen Consonanten gerade bei der gutturalen Muta, die in ihrer tönenden Form (als g) zufolge der sie treffenden syntactischen Wandelungen (wahrscheinlich vermittelst der Unterdrückung eines tönenden h) ganz verschwindet (z. B. glin Knie, deu-lin die beiden Knie); — und hierdurch also auch das Entstehen der Namen Ambrones (aus Gambern, Cambern) und Umbri (cf. Cumbri) erklärt.

Seinem Sinne nach scheint das Wort **Gomer** (oder Khomer, — der Anlaut ist jedenfalls stark —) mit der semitisch-arischen Wurzel hmr, chmr zusammenzuhängen und also ursprünglich „(himmern), licht, roth" zu bedeuten. Vgl. die Himjariten, (Φοίνικες, Fena).

Und eben dies ist auch wohl die ursprüngliche Bedeutung der Wurzel Khal, Kel, Gal, als zusammenhängend mit dem kymrischen galw, gal, „(rufen) hell, blond".

Das t in „Kel-t, Gal-at" aber (das sich in „Gall" dem l angeglichen) halte ich für ein altes Pluralzeichen, entsprechend dem welschen Plural auf ed, od (et, ot) — (z. B. merch-ed, bych-ot) — sowie dem Plural der sogenannten vierten irischen Declination — und übereinstimmend mit der bekannten mongolischen Pluralendung auf at, ot. Das (im Gälischen jetzt nicht mehr gesprochene) binnenlautende d, dh in „Gadhel" dagegen ist gewiß nichts als eine, im Irischen sehr beliebte, phonische Wurzelverstärkung.

Für homophon mit dem Namen „Kelten" und nur durch vorschlagendes s verstärkt (eine gleichfalls im Irischen wie Welschen sehr beliebte Verstärkung), halte ich auch den, wahrscheinlich keltiberischen, Namen Es-cald-unac, mit dem die Basken sich benennen: und desgleichen den skythischen S-kol-ot (offenbar zusammenhängend mit dem des Kol-axais, Herodot IV, 5). Den historischen Zusammenhang zwischen Σκόλοτοι und Κέλτοι aber fasse ich, gemäß der im Text vorgetragenen Ansicht, so, daß ich die Κέλτοι für eine edlere, reiner-kaukasiche und deshalb namengebende Abzweigung jener großen turanischen Völkermasse ansehe die, unter den abwechselnd und zwar immer mehr oder minder allgemein gebrauchten Namen der Skoloten, Skythen, Geten, Dacen, Saken, — das asiatische Mittel- und Vorderland in verschiedenen Einwanderungen und stufenweisen Eroberungen überzogen, und ein Hinter- und Nebeneinander von Völkern und Rassen sehr verschiedener physischer wie moralischer Entwickelung umfaßt zu haben scheint. Von der skolotischen Rasse eine ältere, schon mehr entturanisirte Abzweigung waren dann eben, als erste eigentliche Kelten des Ostens, die Kimmerier, — deren Einrücken in das vordere Asien ich natürlich auch einer viel früheren Zeit zuweise als den von Herodot (IV, 11) damit in Verbindung gebrachten Einfall der Skythen im 7. Jahrh. v. Chr. — Daß ich aber den Ursprung des Namens. wie Cultus der Artemis aus demjenigen der bei Herodot (IV, 55) freilich als Aphrodite bezeichneten skythischen Göttin ableite, scheint durch Etymologie und Geschichte gleich gerechtfertigt.

(Wie übrigens „Skolotoi und Escaldunac" mit „Galatae", hängt auch wohl der Name der „Scythae" mit dem der „Getae" (und Gothen) zusammen, und wird mit ihm vermittelt nicht nur durch die Κέτινοι des Ptolemäus und die Mas-kut (= Massa-geten) der

Geographen, sondern besonders noch durch die altbe-
Cit-im oder Khetta, deren Name sich auch wohl in dem
:edonier (Ma-keta, d. i. Volk der Keta) wiederfindet, welche
den altjüdischen Schriftstellern ausdrücklich als Kittim be-
et werden.)

Was schliefslich noch die mythologische Begründung der
i Namen „Kimmern und Kelten" betrifft, so kennen freilich
ir bekannten Denkmäler der kymrisch-irischen Litteratur einen
eponymos Gomer (Gomhr, Govr) gar nicht, (nur etwa einen
hen Heiligen Govor, nach dem z. B. Llan-Ovor genannt ist);
ien Heros Gal nur in dem Gal des Ossianischen Sagenkreises,
'ohne Morni's (Morjan's im Gododin); sowie besonders in der
:lhaften beiwörtlichen Verbindung dieses Gal mit Fion (Fin-
Merkwürdig ist indefs der Gebrauch des mit „Gomer" un-
bar zusammenhängenden kymrischen Wortes gov, govydd,
l, das gewöhnlich „Schmied, Baumeister, praktischer Druide"
Οὐάται des Strabo); bei den Dichtern aber auch häufig die
heit bedeutet, und in dieser Bedeutung überdies noch mit
— Gal-ovydd — zusammengesetzt wird.

---

2. S. 3. Dieser Gegensatz liegt, gleichsam als Wortspiel, schon
:n beiden Wurzeln kmr und kl, die neben der oben besproche-
Bedeutung „licht, hell", zugleich — als Tenuis gesprochen —
ikel, verborgen" bedeuten: z. B. kamar im Iliob; κίμμερος
Lycophron; κίμμερος = ὁμίχλη, Etymol. magn., kymr.: „celu"
:h ceil-t) celare (hehlen), „cilio" recedere (besonders auch vom
Iere der Jahressonne, woher Kil-wch), ar-gel, ar-gil (die ἄργιλλαι
Ephoros bei Strabo V, 49), recessus, refugium. Daher auch
l die Ortsnamen Ἄγυλλα (später Caere) und Argyle.

3. S. 4. Γόμουρ, ἐξ οὗ Κελτᾶιοι, Chron. Pasch. Γαλάτας Γόμαρος
ι, Joseph. I, 7. — Diodor V, 25—32.

4. S. 6. Genauer erörtert (besonders mit Bezug auf Grofsbrit-
ien) hat der Verfasser diese seine Annahme von einer doppelten
:en Richtung der keltischen Wanderungen in einem 1847 vor
British Association zu Oxford gehaltenen Vortrage (On the Im-
ınce of the Study of the Celtic Language as exhibited by the
ern Celtic Dialects still extant), der sich abgedruckt findet in
Report of the British Association for the advancement of
nce for 1847 (Ethnological Section, pag. 301), — und daraus,
weise, in Bunsen's Ontlines of the Philosophy of Universal

History applied to Language and Religion, Vol. I, 143—171. — Auf diese altkeltischen Wanderungen — und nicht auf die spätere Vandalische — beziehen sich auch wohl die altjüdischen Ausleger zu Genesis X, 2 und Chronic. I, 5, 1, wenn sie als Gomer's Wohnort neben „Germanien" „Afrika" nennen.

5. S. 12. Für die nähere Ausführung dieser linguistischen Sätze verweist der Verfasser gleichfalls auf den oben angeführten Oxforder Vortrag, sowie auf einen Aufsatz in den Wiener Jahrbüchern, 1844, Juni und Juli.

6. S. 19. Nämlich der Ausdruck llu (irisch tuath) goch, auch ormes goch, durch welchen namentlich die blonden Fena oder Scoti regelmäfsig von den schwarzen Picten (llu ddu) unterschieden werden. — Zugleich aber bedeutet auch das Wort ma im Kymrischen (wie im Umbrischen und Aegyptischen) „Land, Erde", und dafür, dafs die Bezeichnung „roth" oder „schwarz" von der Haarfarbe der Bevölkerung auch auf die Oertlichkeit übertragen wurde, haben wir einen Beweis nicht nur in der „rothen Erde" Westfalens und der „schwarzen" Moscoviens, sondern auch in dem „rothen" (himjaritischen) und „schwarzen" (askenischen) Meere.

7. S. 19. Z. B. bei Lewis Glyn Cothi:

Nos da vo'r „Ynys Dywell",
ni wn oes un ynys well.

Gut' Nacht dir „dunkle Insel",
o Mona, so sonnenhell!

8. S. 30. Hier der berichtigte Originaltext der drei Gedichte, die — wie sämmtliche Gedichte der Cyn-veirdd — in der Welsh Archaeology (I, pag. 72 u. 73, 10, 101) sich nur sehr fehlerhaft und verworren abgedruckt finden. Für die ersten beiden habe ich, als handschriftliches Emendationsmittel, das (auch von Edward Davies und Willams ab Ithel gebrauchte) Llyvr Aneurin, für das dritte das Llyvr Du benutzt. Den ersten beiden, als den schwierigeren, füge ich (zum Behuf des Gelehrten) eine lateinische Interlinearversion bei. — Bei der Schreibung des Kymrischen habe ich, der etymologischen Deutlichkeit wegen, die grammatischen Wandelungen der meisten Anfangsconsonanten der Aussprache überlassen.

Pryd Prydain
Prid Britanniae,

Hu ysgain
Hu splendens,
A'm pwyllad:
me intellige:
gwledig nev,
rex coeli
yn cennadeu
in officiis
na'm toad:
ne me obscures:
cain cy-meddwch
grata convivia
y am deu-lwch:
sunt inter duos lacus
llwch am pla'd,
lacus circum vallum
plaid am caer,
vallum circum arcem
caer yn th' air,
arx te invocat,
Rhi 'scryviad!
Rex potens!
ffaw rhag-daw
oblata (tibi) venit
ar llen caw
in velo vittarum
main mwyad:
amoena victima:
Draig, am-cyffrau,
draco, circum-vola
odduch, leau
de-super loca
llestrau llad.
vasorum sacrificii.

Angor dewr, dain,
Princeps fortis, illustris,
Sarph Seri-rain,
serpens daemones-findens,
iengi, gwrym-caen,
icedis robore-vestitus

blaen byddin:
in fronte exercitus
    aeth-arwynawr,
    acriter furiosus,
    trwsiawr-treisiawr,
    struens destruens,
    sengi, gwaewawr,
    calcas, jaculator,
clawr gwcrin:
arvum populi:
    eil Nyddig-Nar
    aeque ac Nyddig Nar
    neus, dwc, trwy bar,
    age, para, per tumultum,
    gwledd adar
    epulas avium
o trydar trin.
ex strepitu pugnae.

Zu dem viertletzten Verse des letzten Liedes, (der auch „Sohn Nyddig-Nar's" bedeuten kann), bemerke ich noch, dafs die im Vortrage erwähnte ägyptische Neith sich, ganz mit demselben Namen (Nith, Neit, Be-Nith), und zwar als Schlachtengöttin (nith, nejd ist „Schlacht"), öfter in der altirischen Poesie erwähnt findet, s. das Epos Cath Muigi Rath, pag. 242, und daselbst die Anführungen John O'Donnovans. -- Der im Kymrischen mehr gewöhnliche Name derselben Göttin ist Buddi-gre (wörtlich: Schlachtgeschrei), unter welchem sie in die irische Poesie als Morrigu übergegangen ist — C. M. R., pag. 198.

Yn Llongporth gwelais brochaint
ac elorawr mwy no maint,
a gwyr rhudd rhac rhuthr Geraint.

Yn Llongporth gwelais cymminad,
gwyr a gryd a gwaed am iad
rhac Geraint, mawr mab ei tad.

Yn Llongporth gwelais brwydrin,
gwyr a gwaed hyd deu-lin
rhac rhuthr mawr mab Erbin.

Yn Llongporth gwelais gotoew
a gwyr ni chilynt rhac ovn gwaew
ac yved gwin o gwydr gloew.

Yn Llongporth gwelais mygedorth
i gwyr yn godde ammorth
i gorvod gwedi gosborth.

Yn Llongporth gwelais brith-red,
gwyr ynghyd a gwaed ar traed
„a bo gwyr Geraint, brysied!"

Yn Llongporth gwelais arveu
gwyr a gwyar yn dyneu
a gwedi gawr garw ad-neu.

Yn Llongporth gwelais tra-bludd
ar maen, brain ar goludd,
ic ar gran cynran man-rudd.

Yn Llongporth y llas Geraint
ʃwr dewr o coct-tir Dyvnaint,
iwy yn lladd gyd a's lleddaint.

t diesen Textproben noch eine andere gleichfalls
ich ein kleines Seitenstück zu dem obigen Gebet
chem es sich in allen Ausgaben und Handschriften
:n findet. Es ist ein kurzes Opfergebet an den
uhrscheinlich den namengebenden Gott der Bel-
e nach Brittannien geführt, und dort den Gott
:rdrängt zu haben scheint.

Llad yn eur-cyrn,
eur-cyrn yn llaw,
llaw yn ysci,
ysc' yn mwynd,
bid it iolad,
Buddig Beli!

Spend' im Goldhorn,
Goldhorn in Hand,
Hand am Stahl hie,
Stahl am Schlachtthier,
sing ich Preis dir,
önig Beli!

r wird sich übrigens wundern zu hören dafs
Versuche einer grammatischen Behandlung
ymrischer Lyrik meines Wissens die ersten
ht, oder wenigstens veröffentlicht worden
iheimischen Gelehrten herrührenden soge-
der Cynveirdd ins Englische, — nament-

lich auch die von Owen Pughe, — (nur etwa mit Ausnahme der
von ihm herausgegebenen Uebersetzung des Llywarch Hen), — sind,
bei allem patriotischen Eifer und Verdienst, doch im Ganzen weit
weniger Construiren als Componiren, — als ein witziges will-
kürliches Rathen, das noch nicht einmal das Bedürfnifs eines kri-
tisch zu emendirenden Textes gefühlt hat. Wie mir einer der tüch-
tigsten welschen Barden selbst einmal sagte, ist eben im Lande
der Schlüssel für das Verständnifs des Cynveirdd verloren gegan-
gen. — Andererseits freilich kann diese Unverständlichkeit und
handschriftliche Verderbtheit der alten Lieder (in Handschriften, die
bis ins 12. Jahrhundert zurückgehen) auch wieder als ein Beweis
für ihre theilweise alterthümliche Aechtheit gelten.

9. S. 33. Den Namen der sieben Sinne (Havanad), wie sie z. B.
im Canu y Byd Mawr (W. A. p. 25) aufgeführt werden, — a rhyniav
— tynav — rogleuav — blasav — clywav — gwelav — gwaedav —
sieben Sinne hab' ich,
mit einem fühl' ich,
mit einem tast' ich,
mit einem riech' ich,
mit einem schmeck' ich,
mit einem hör' ich,
mit einem seh' ich,
mit einem ruf' ich —
entsprechen, theils der Bedeutung, theils auch dem Laute nach,
die Namen der sieben Thürhüter: Grynn (Fühler), Gwr-tynei (Tast-
·mann), Pen-Pigon (Spitzschnabel), Go-gyvwlch (Verschlinger), Clust
(Ohr), Trem (Gesicht) und Llais (Stimme).

10. S. 33. Eigentlich hat der welsche Arthur drei Gemahlinnen,
deren jede Gwenhwyvar heifst und untreu wird: — hat aber selbst
noch aufserdem drei Hauptgeliebte, sowie drei Gwen-riain (mai-
tresses).

11. S. 34. Eur-awc — indem nämlich das Wort eur (aurum)
hier als kostbarstes Metall, statt des Metalls im Allgemeinen steht,
— (wenn es nicht, wie das englische ore, selbst ursprünglich „Erz"
bedeutete). — Prinzefs Erzstufe (Eur-ddil) erscheint in einem anderen
Märchen (Liber Landavennis, pag. 323) als Tochter des Königs Peibiaw
Clavorawc (Schaum-Geifer) — offenbar mit Beziehung auf die alten
Eisenwerke im Forste von Dean an der Mündung des Severn, dessen
Ebbe und Fluth die Sage durch die beiden, später in brüllende

,en verwandelten, feindlichen Könige Peibiaw und Nynniaw onificirt hatte (Kilhwc ac Olwen, pag. 281): — sie fühlt sich vanger, wird zum Tode auf dem Scheiterhaufen verurtheilt und von einem goldglänzenden Knaben entbunden.

12. S. 38. Hier der möglichst berichtigte kymrische Text der rsetzten Strophen, — vgl. W. A. I, pag. 2—4, 60; Williams ab :l's Gododin, Strophe 8, 21. 6, 11 und Edw. Davies Mythology, . 620.

Gwyr a aeth Cattraeth, oedd fraeth eu llu,
glas-medd eu hancwyn a gwenwyn bu,
trichant trwy-peiriant yn catau,
a gwedy elwch tawelwch bu,
cyt elwynt i lanneu i penydu,
dadl di-au angeu ydd eu treiddu.

Gwyr a aeth Cattraeth, buant enwawc,
gwin a medd o eur bu eu gwirawt,
blwyddyn yn erbyn urddyn devawt,
tri-wyr-tri-ugaint-tri-chant eur-torchawc;
or sawl y cryslasant gormant gwirawt
ni diengis namyn tri o fossawt.

Gwyr a aeth Gododin, chwerthin go-gnaw,
chwerw eu trin a llain yn ymdduliaw;
byr blynedd yn hedd, — yd ydynt yn taw;
cyt elwynt i lanneu i penydiaw,
a hen a ieuanc a hydr a chlaw,
dadl di-au angeu ydd eu treiddiaw.

Gwyr a aeth Cattraeth — gan gwawr:
dy-cymyrwys eu hoet eu haniawr,
medd yvynt melyn melus maglawr,
blwyddyn bu llewyn llawer cerddawr — —

Gwarchan Cynvelin, cylchwy gwylat,
ed-myn gwr gwnedd, gwynedd ei gwlat,
dychianawr dewr, — ty dychiannt,
Eidyn caer · gleission claer · cyvorth-riniat!
cain dy en, Ynys gwerdd, rhwydd-molat,
medd a meirch neut ynti bleiniat!
neus, goruc Gododin cymhwyllint :
eu gwaew trwm, goreurat — a'm rodes:
poet yr lles · i'w enat!

Tri-wyr a thri-ugaint a thri-chant
i breithell y Cattraeth yd aethant;
o'r sawl yt crysiasant · uch meini ·
menestri · namyn tri · nid atcorsant:
Cynon o Gattraeth, Cath-lew o Gatnant,
a minheu, o'm creu dychiorant:
mab coel certh, vy gwerth a gwnaethant,
[o eur pur a dur ac ariant,]
ev nyved, nid noddod, y cawsant;
Gwarchan cerdd Cynvelin cyvnewant.

Diesem letzten Bruchstück findet sich in den alten Handschriften eine Note beigefügt, die das von dem Barden angedeutete Verhältnifs des Liedes zu seinem Preis und Gegenstand noch genauer bezeichnet, und deren Inhalt wir bereits in dem Vortrag selbst mitgetheilt haben. Die Note (mit berichtigtem Text) lautet: Canys un ceiniawc a dal pob awdl o'r Gododin, hervydd braint, yn cerdd-amrysson: tri cheiniawc a thriugaint a thrichant a dal pob un o'r Gorchanau (wohl Gwarchanau): — achaws yw am goffau yn y gwarchanau rhivedi gwyr a aethant i Gattraeth: d. h. Denn nach altem Gebrauch wird im Gesangstreite für jeden Vers des Gododinliedes ein Silberpfennig gezahlt; dreihundert drei und sechzig für jedes (ganze) Lied: und das geschieht, weil in diesen Liedern die Zahl der Männer gefeiert wird die nach Cattraeth giengen.

Zweifelhaft in der Auslegung bleiben allerdings noch die Worte: awdl, gorchan und gwarchan. Jedenfalls aber glaube ich annehmen zu dürfen dafs, bei der Anwendung desjenigen Metrums in dem die hier mitgetheilten Bruchstücke gedichtet sind, ein jeder einzelne Vers für dreie galt, nämlich für die drei kleinen (zweitaktigen) Versglieder, aus denen er eigentlich zusammengesetzt ist, und deren ursprüngliche Gesondertheit, in der Weise einer dreigliederigen Strophe (dem sogenannten Huppynt byr, auch dem Versmaafs des oben mitgetheilten Liedes an König Pryd) der Barde deshalb bedacht gewesen ist dem Ohr von Zeit zu Zeit deutlich vernehmbar zu machen. Das ganze Gedicht würde demnach aus 121 solcher Verse — in 15—20 Strophen vertheilt — bestanden haben.

Dafs das Mysterium oder „düstere Geheimnifs" — („coel certh" im letzten Bruchstücke) — des Gododinliedes schon frühzeitig anfieng nicht mehr verstanden zu werden, erhellt, aufser dem Schweigen der ganzen übrigen Litteratur, namentlich aus der Stelle eines

image
not
available

oder Plot of Knives — sowie auf ähnliche Weise den Ursprung mancher anderen mythischen Schlacht — eben offenbar nur in einem Mifsverständnifs jener in Stonehenge vorgetragenen Gedichte zu suchen haben. Mehrere der vorhandenen Gododin-Bruchstücke geben eine sehr deutliche Beschreibung der (wahrscheinlich von Vortigern neuerbauten) kyklopischen Riesenhalle (neuad gorchynan, gor-mawr-cawr-cor). Ich schliefse diese lange Note, noch zum Behuf der verehrten Leserinnen, mit einem Gedichte, für dessen Mittheilung ich im Vortrag selbst keinen Raum gefunden, das aber doch eine solche zu beanspruchen scheint, nicht nur wegen seiner alterthümlichen Kraft und Schönheit, sondern auch wegen seines, in einem Schlufs-verse noch ausdrücklich ausgesprochenen, unmittelbaren Zusammenhangs mit den Gododinliedern, in denen sich König Tül-bwlch, der Held unseres Marunad, mehrfach erwähnt und gefeiert findet. Ich mufs aber freilich dabei bemerken dafs nur die erste Hälfte des Gedichtes — bis zu dem Verse tardei galledd in dem von E. Davies (Mythology pag. 574) gegebenen Texte — für ungemischt alt und ächt gelten darf. (Das Wort „Kettenzaun, — hual tres“, — mit dem die erste Hälfte der Uebersetzung schliefst, bezieht sich offenbar auf die, von den Picten mit den Kimbern getheilte, Sitte, ihre Schlachtreihen durch Ketten zu binden — eine Sitte die die Irländer noch bis ins 16. Jahrhundert beibehalten haben. Der Name Tut-bwlch bedeutet wörtlich „Land- oder Leutbrecher“, das dänische „Lod-brog“).

Todtengesang auf Tüt-bulch, den Picten-König.

Heer zerstoben, Wehr zerkloben, Leib zerhaun!
jüngst ein hoher Fürst, durchzog er Land und Aun,
Völker folgten seinen stolzen Königsbraun,
jubelnd blickten seine Picten ihn zu schaun,
schlossen freudger ihrer Leiber Kettenzaun.

Weh, gefafst heut von der Schlacht-Neith ehrnen Klaun,
starr im blutigen Hieb den muthigen Blitz der Braun,
ein besiegter Leichnam, liegt der Stolz der Fraun,
König. Tütvulch tief verhüllt von Todesgraun!
Heer zerstoben, Wehr zerkloben, Leib zerhaun!

Trag ein Jahr Leids ich um Cattraith's Männer traun.